S0-CID-481

Diferentes lugares, diferentes palabras

Different Places, Different Words

Michelle Kelley
traducido por Manuel Alemán

Rourke
Publishing LLC
Vero Beach, Florida 32964

EASY Sp LB 1576 .K39518 2007
Kelley, Michelle.
Diferentes lugares,
  diferentes palabras

© 2007 Rourke Publishing LLC

All rights reserved. No part of this book may be reproduced or utilized in any form or by any means, electronic or mechanical including photocopying, recording, or by any information storage and retrieval system without permission in writing from the publisher.

www.rourkepublishing.com

PHOTO CREDITS: © Michael Howard: cover; © Brandon Laufenberg: page 4; © Jose Gil: page 5 (map); © Jason Stitt: page 5 (girls); © Joseph Justice: page 7; © Armentrout: page 9; © Lance Bellers: page 10; © Armentrout: page 11, 13, 15, 18, 21, 22; © sx70: page 12; © Lori Burwell: page 17; © Jeffrey Zavitski: page 19; © Ronen: page 20

Editor: Robert Stengard-Olliges

Cover design by Nicola Stratford

Library of Congress Cataloging-in-Publication Data

Kelley, Michelle.
  Diferentes Lugares, Diferentes Palabras (Different places, different words) / Michelle Kelley.
    p. cm. -- (The world around me)
  ISBN 1-60044-298-6
1. Language arts (Elementary)--Juvenile literature. 2. Vocabulary--Juvenile literature. I. Title.

Printed in the USA

CG/CG

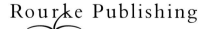

Rourke Publishing

www.rourkepublishing.com – sales@rourkepublishing.com
Post Office Box 3328, Vero Beach, FL 32964

R03240 40782

HUMBOLDT PARK

Contenido

Table of Contents

¿Soda o gaseosa? / Soda or Pop?   4

¿Perros calientes o salchichas? / Hot Dogs
   or Franks?   6

¿*Chips* o papas fritas? / Chips or Fries?   10

Tiempo y lugar / Time and Place   12

¿Arroyo o riachuelo? / Creek or Brook?   16

¿Costa o playa? / Shore or Beach?   18

Glosario / Glossary   23

Índice / Index   24

¿Soda o gaseosa?
Soda or Pop?

¿Dices soda, gaseosa o soda gaseosa? Todas estas palabras significan una bebida efervescente o **carbonatada**, como la malta o la cola.

Usamos diferentes palabras para la misma cosa. Estas palabras se llaman **sinónimos.**

Do you say soda or pop or soda pop? They all mean a fizzy, or **carbonated**, drink like root beer or cola.

We use different words for the same thing. The words are called **synonyms**.

4

Puede que uses cierta palabra porque ésa es la palabra que tus padres usan. Puede que la uses porque las personas en la **región** donde vives la usan.

You might use a certain word because that is the way your parents say it. You might say it because it is the way people in the **region** where you live say it.

¿Perros calientes o salchichas? Hot Dogs or Franks?

Cuando vas a un partido de béisbol o al parque, ¿pides una salchicha o un perro caliente? En Chicago, las personas piden un "rojo caliente". Lo sirven con pan y puede que tenga mostaza u otros condimentos. ¡El nombre no cambia el sabor!

When you go to a ball game or the park, do you ask for a frankfurter or a hot dog? In Chicago, people ask for a red hot. It will be a served on a roll and it may have mustard or relish on it. The name doesn't change the taste!

¿Pides *jimmies* con tu helado de vainilla? ¿O pides *chocolate sprinkles*? Ambos son pedacitos de chocolate que le agregan algo especial a tu helado.

Do you ask for jimmies on your vanilla ice cream? Or do you ask for chocolate sprinkles? Both add something special to your ice cream.

¿Chips o papas fritas?
Chips or Fries?

Si estás en un restaurante y pides un **sándwich**, puede que diga en el menú que lo sirven con *chips*. En muchos lugares, *chips* es otra forma de decir papas fritas.

If you eat in a restaurant and order a **sandwich**, the menu may say it is served with chips. In many places, chips is a different word for French fries.

Si esperabas recibir unos cuantos *chips* de papas en tu plato, puede que te sorprendan con un plato lleno de papas fritas.

If you are expecting to get a few potato chips on your plate, you might be surprised with a whole plate of French fries.

Tiempo y lugar
Time and Place

Las comidas no son las únicas cosas que las personas llaman por diferentes nombres. También tenemos sinónimos para otras cosas. ¿Dices dólar o *buck*?

Foods aren't the only things that people call by different names. We have synonyms for other things, too. Do you say dollar or buck?

¿Cómo le llamas al lugar donde tu familia compra la comida? ¿Tienda de comestibles o supermercado? ¿Compras helado en una heladería o en una nevería?

Do you call the place where your family buys food a grocery store or supermarket? Do you go to an ice cream shop or an ice cream parlor?

Algunas familias se reúnen para la comida. Otras se reúnen para la cena. No importa cómo la llames, comer juntos es el momento perfecto para hablar de lo que hicieron durante el día.

Some families gather to eat supper together. Some gather to eat dinner. Whatever you call it, it is a great time to eat together and share what you did that day.

¿Arroyo o riachuelo?
Creek or Brook?

En algunas regiones del país, a un río pequeño se le llama arroyo. En otras regiones, se le llama riachuelo.

In some regions of the country, people call a small river of water a brook. In other regions, people call it a creek.

No importa cómo lo llames, puede ser el lugar perfecto para pescar.

No matter what you call it, it may be a great place to go fishing.

¿Costa o playa?
Shore or Beach?

Si vives cerca del océano, puede que digas que vas a la costa. Puede que otra persona diga que va a la playa. No importa lo que digan, ambos pueden ver el océano y jugar en las olas.

If you live near the ocean, you might say you are going to the shore. Someone else might say he or she is going to the beach. No matter what you say, you can both see the ocean and play in the waves.

¿Llamas a este animal marmota o comadreja? Cada febrero, durante el Día de la Marmota, la gente observa a este animal para ver si termina su **hibernación**. Si no es así, el frío invierno continuará.

Do you call this animal a groundhog or a woodchuck? On Groundhog Day each February, people watch to see if this kind of animal comes out of **hibernation**. If it doesn't, they say the cold winter weather will continue.

¿Te sientas en un sofá o en un diván?
Do you sit on a sofa or a couch?

¿Usas una gorra o una cachucha?
Do you wear a cap or a hat?

¿Usas un klínex o un pañuelo de papel? Todos usamos dos o tres palabras que significan lo mismo. ¡Todos usamos sinónimos!

Do you use a Kleenex or a tissue? We all use two or three words for the same thing. We all say synonyms!

Glosario / Glossary

carbonatada — con burbujas de dióxido de carbono
carbonated (KAR buh nay ted) — with bubbles of carbon dioxide

hibernación — un periodo durante el invierno en que algunos animales duermen
hibernation (HYE bur nay shuhn) — a period of sleep some animals take during the winter

región — un área
region (REE juhn) — an area

sándwich — dos o más rebanadas de pan con algún relleno
sandwich (SAND wich) — two or more slices of brcad with a filling between them

sinónimo — una palabra que significa lo mismo que otra palabra
synonym (SIN uh nim) — a word that means the same as another word

Índice

animal   20
comida   12, 13, 14
Chicago   6
región   5, 16
sinónimo   4, 12, 22

Index

animal   20
Chicago   6
food   12, 13
region   5, 16
synonym   4, 12, 22

Lecturas adicionales / Further Reading

Delpit, Lisa (ed.). *The Skin That We Speak*. New Press, 2002.
MacNeil, Robert. *Do You Speak American?* Doubleday, 2005.
Umsatter, Jack. *Where Words Come From*. Franklin Watts, 2002.

Sitio web para visitar / Website To Visit

www.pbs.org/speak

Sobre la autora / About The Author

Michelle Kelley es una maestra que vive en Oviedo, Florida. Pasa gran parte de su tiempo libre con su esposo Shaun y sus hijos Heather, 7, y Tyler, 11. A ella le gustan los deportes, la cocina y, por supuesto, ¡la lectura!

Michelle Kelley is a teacher who lives in Oviedo, Florida. She spends most of her free time with her husband Shaun and children Heather, 7, and Tyler, 11. She likes sports, cooking, and of course reading!

.